2008@

내 마음의 이정표

詩

이종덕편

현대시선

2008&내 마음의 이정표
인 쇄 : 초판인쇄 2008년 06월 25일
인 쇄 : 초판발행 2008년 06월 27일
지은이 : 이종덕
펴낸이 : 우미경
편집인 : 윤기영
펴낸곳 : 도서출판 현대시선
등 록 : 제 387-2006-00017호
본 사 : 서울시 영등포구 신길동 188-396호
지 사 : 경기도 부천시 원미구 원미동 147-12
전 화 : 02-844-5756 팩시밀리 : 02-831-5832
이메일 : hdpoem55@hanmail.net

정 가 : 6.000원정
ISBN : 978-89-92687-08-9-03810

내 마음의 이정표

이종덕

도서출판 현대시선

책머리에

아무렇게나 피어있는 꽃은 없다고 했듯이, 아무렇게나 지어진 시 또한 없다. 그 나름대로 한 사람 한 사람의 소중한 삶과 철학이 담겨 있다. 한 줄의 시행에는 작가의 삶과 윤리,

해학, 철학과 같은 요소들을 동시에 떠맡고 있다. 이러한 한 줄, 한 줄의 시행이 모여서 시 전체의 높은 밀착도와 함축의 유기물이 되며, 또한 밀도 있는 심상의 결정체가 되기도 한다. 시적 '대상'은 말할 것도 없이 무안한 가능성을 여는 신비의 심연이다.

이러한 대상을 시로 표현하려면 시어 또한 그러한 신비에 알맞은 시적 화자의 암호가 될 수밖에 없다.

그래서 시는 작가의 작품세계를 담은 개성적인 암호(기호)의 결정(結晶)이라 할 수 있다.

한 해 동안 노력한 결실들을 모아 한 권의 책으로 엮는 것이 올해로 세 번째이다. 사이버는 언제나 불안정하고 휘발적이기 때문에 지속성을 보장하지는 못한다. 하여 시인들의 노력이 책을 통해 안정적 존재를 보장받으며 변경 불가능한 가치로 인정받기를 원한다.

동인들의 기호(시) 해독은 읽는 사람들의 몫이다. 가슴을 열어 진정한 시의 가치와 의미를 찾으며 서로의 향기를 나누어 가질 수 있는 소중한 시간 여행이 되기를 바란다.

2008년 6월

현대시선 주간 문학박사 김영미

목 차

2부–사랑은 그리움이다

3부-사랑을 훔치고 싶다

4부–행복한 사람

5부-봄을 기다리며

6부-그 바람은 추웠다

1부

내 마음의 이정표

가끔은 날 당신이 부르지 않았나
창가에서 지나가는 비려니 다짐도 하고
후미진 길모퉁이에서
인생을 그려보기도 했지요

잔잔한 나뭇가지도 태풍에 찢기듯
인생도 비바람인 것처럼
흔적이 남긴 삶의 언저리엔
이정표 같은 인연의 섬.

-내 마음의 이정표 중에서-

내 마음의 이정표

내 마음 기억해 줄 수만 있다면
아름다운 인연으로 삽시다
오랫동안 간직하며 삽시다

내 마음의 이정표
산산이 부서진다 한들
당신은 나로 인해 당당했음을
기억해 주는 사람입니다

가끔은 날 당신이 부르지 않았나
창가에서 지나가는 비려니 다짐도 하고
후미진 길모퉁이에서
인생을 그려보기도 했지요

잔잔한 나뭇가지도 태풍에 찢기듯
인생도 비바람인 것처럼
흔적이 남긴 삶의 언저리엔
이정표 같은 인연의 섬.

슬픈 날에는

시를 생각하면 슬프다
가슴으로 시작된 아픔은
가시처럼 돋아나 아프다

슬픔에 순절하며
거듭 분발하려 하지만
그분의 삶을 의탁하려 했다고
쏟아지는 언변들이 슬프다

처음 말들은 어디로 갔는지
한사코 갚아야 한다고
퇴치해 버리려는 변명들로
계시록에 욕망을 적는다

슬픔을 처방하는 것은 없는 건가
으르렁대는 늑대 한 마리가
마음 깊이 서성이고 있다.

약수터에서

어둠에 맺힌 물방울들이
안개비로 마음을 씻어준다

약수터엔 물을 받느라 옹기종기
운동하는 사람들로
아침은 시작되고 있었다

간밤에 먹다 남은
술 냄새가 스쳐 지나자
어젯밤 생각들로
시가 그립고 친구가 그립다

약수터에 나와 보면
하루가 다르게 커가는 숲
소리는 가고 길만 남아
내 발자국 길을 다시 밟으며 걷는다.

굴뚝을 생각하며

굴뚝에서 올라오는 연기처럼
그렇게 살고 싶었는데
변하지 않을 것을 생각했는데
아침은 어두웠다

그것들이 뒤범벅되어
명쾌한 답 없이 굴뚝을 그립게 하면
고향 향수들은 생존에 치열해진다
가슴을 발광해도 떠나지 않는다

굴뚝에서 올라오는 연기처럼
숱한 인연들이 뭉게뭉게 얽혀 사는데
비가 되어 내리면 안녕을 묻는다.

당신의 이름으로

무엇이든 가득 담아야 할 것이 있다면
마음 가득 당신의 이름을 담고 싶습니다

태초의 순수함으로 걸어왔던 그 미소는
평생에 힘이 되고 노래가 되고
지금껏 내 마음을 가득 채우고도 넘치니

내 마음에 무엇이든 채워야 한다면
당신의 풍성한 손을 가슴에 채우렵니다

사시사철 소박한 식단을 꾸리고
사랑으로 묻어나는 마음으로 해 왔던
당신의 성스러운 손을 잡으렵니다

내 일생에 오직 한 사람인 그대하고
무엇이든 채워야 한다면
죽어서도 다시 태어나 다시 만나는
기쁨으로 당신을 채우고 싶습니다.

인생(人生)

먼 길 돌아온 회환의 세월아
머물고 싶은 가지엔
청춘의 꽃이 피어나더니
이제 눈 서리로 남았구나

쉼표도 없는 미로의 연속
모든 것이 마침표를 향한 마음
믿음으로 한 새끼손가락
나를 위해 의자를 마련하여
맨 마지막 보루처럼 앉아 쉬고 싶다

고즈넉한 마음이고 싶고
해탈이고 싶었다
구차한 이유 달지 않고
그대로 머물고 싶었다
인생아 어디로 와서 어디로 가는지
너도 모르고 나도 모르지만
한세상 불꽃처럼 살다 가겠노라.

하루살이

숨차게 뛰어야 하는
스물네 시간이라는 하루

정해지 시간만이 전부는 아니다
침묵의 시간이 지나고
충전된 삶은
어제와 다른 오늘인 것을

인고의 시간을 넘어온 시차
단지
나는 시간의 개념을 모를 뿐
어제나 내일을 모르고
진정 세상을 불꽃처럼 사랑할 뿐

하루살이는 정말 하루만 사는 것일까
나는 아직도 알 수 없어라.

정나누리

기쁨은 함께 나누면 몇 배가 되고
슬픔은 나눌수록 부피가 줄어든다
정은 나눌수록 기하 적으로 가슴에
행복한 웃음을 선물한다

오른손이 하는 일을 왼손이 모르게
오른 뺨을 맞으면 왼뺨도 내밀라는
성경의 가르침이 아니어도
심장에 따스한 알전구 하나씩
달걀처럼 품고 있는 정나누리

웃는 모습 거짓 없이 순수하고
손잡는 모습 이익을 구하지 않는
온전한 믿음과 사랑으로 피를 나누는
정을 나누는 정다운 해후

가는 한해 서로 위로하고
짧은 눈인사에 인정이 넘쳐 나는
한해 산타 같은 선물보따리 주는
정나누리의 손은 따스하다.

국학기공 사람들

새벽마다 정열의 꽃씨를 뿌린다
산새들은 숲 속의 합주곡으로 응원하고
여명 속의 해님 땀 한 줌의 거름 삼고
방긋 웃는 얼굴에 행복의 꿈 실어 본다

백두산을 깨우는 힘찬 기합 소리
젊은 혈기 중년의 꿈 노년의 활력
양손 나빌 레는 우아한 전통무술이
전국 공원에서 희망으로 피어난다

파릇파릇 청춘의 새싹이 돋는다
삼백예순날 눈 비비고 시작한 영혼의 기상

합심하여 기를 모으니 국학기공 사람들
힘찬 기운 모아서 튼튼한
이화(理化)세상 세워 간다.

주(酒)님

주(主)님은
인류를 위해 십자가를 지고
골고다 언덕을 오르셨는데
나는 날마다 비틀거리는
주(酒)님을 만나
오장육부를 알코올로 소독하고 있네

주(主)님 은혜로
고행길이 행복해야 하는데
내(酒)님은
사방 천지 어둠 속 서성이고
부어라 마셔라 이성을 잃고 쓰러져
연말거리는 온통 토사물이 장악하네.

무제

제목도 없는 글처럼
정처도 없는 발걸음이
겨울 거리에 뒹구는 낙엽처럼
이름이 없다.

밤은 깊어 가고
사랑이라 믿었던 마음이
휴지처럼 구겨져 쓰레기통으로
던져진 어느 저녁에

우리 인생은 서로
기댈 어깨마저 없이
부를 이름도 없이
쓸쓸한 웃음을 지어 본다

저녁 네온사인 불빛도
왜 반짝이는지 이유도 모른 채
도시의 어지러운 밤을 밝히느라
애처로이 떨고 있다.

만남

만남은 너를 그립게 하는 시련이련다
눈가에 각인된 시간을 지우지 못하는 것
만남이었다

서로 소중함을 알았을 땐
가슴으로 타들어 간
애달픈 사연들이 그립고
만남의 자리를 맴돌게 하였지

눈빛만 보아도 느낄 수 있는
시간을 넘나들지만
허물 수 없는 장벽들로
만남이란 글들만 배회하고 말았지

만남은 시작이지만
가슴으로 느끼는 감정들이 앞서
서성이게 하는 헛된 풍류들이
세월을 지배하고 말았지
만남은 내일이었다.

동창생 · 1

40년 세월 한꺼번에 모았다
마시는 술이 달콤하다
잃어버린 꿈을 마시고
지나간 추억을 떠오른다

세월이 비켜 갔나
고운 매무새 방앗간 집 딸이 웃는다
꺽다리 경임이는 무엇하러 주름만 키웠나
인생 속설의 입담이 걸쭉하다

까만 눈동자 번득거리던 세월에
지난 동심으로 돌아가 희망이 웃는다
어느 세월 비켜 간 시간이 바빴었나

아직도 꿈틀대는 추억들이
내 마음을 사로잡는다
한 잔 술에 더듬다만 잿빛 가슴이 늪는다
그리고 아련히 떠다니는 회한
세월에 지쳐 가는 낙엽 위에
그대 이름을 쓰고 싶다.

동창생 · 2

희미한 개울가
흰 구름에 벗 삼아 놀던 곳엔
아기자기한 웃음소리만 남긴 채
두둥실 마음만 실려 가네

40년 세월은 간곳없고
허탈한 목소리에 젖어드는
주름살은 세월을 먹었나
약속한 세월만 즐비하다
눈가에 선하게 떠오르는
지난 시간으로
삼삼오오 모여앉아
엉덩이 흔들던 시절이 그립구나

한잔 술에 지난 웃음을 꺼내 놓고
허탈하게 흥겹던 시간은
동심이 그립다는 것을 알기엔
너무 먼 시간이었다
친구야 부를 희망은 이제 시작이련다.

부재중인 계절

하루에도 몇 번씩 전화를 하고 싶다
스무 번 아니 매순간마다
내 마음이 너에게 가자고 번호를 누른다

그러다가
신호가 가면 덜컥 마음이 내려앉아
나도 모르게 전화 끊기를 수천 번

너는 이런 내 마음을 아는지 모르는지
해가 서산에 넘어가도록 감감무소식
죄 없는 핸드폰만 열었다 닫았다가
하루해를 보낸다

내 마음도 몇 번씩 너를 향해 자맥질을 하
다가
문득
이것이 사랑인지 스스로에게 물어본다.

아침 안개

소리 없이 내리는
새벽은 이슬이 되었다

붉게 솟는 빌딩 사이엔
질주하는 자동차 바람 소리가
죽음의 교향곡처럼
옛 생각들로 스치는
아침 안개빛에 말렸다

아련히 떠오른 한 여인의
그리움인가 상처인가
안개 빛 희미한 기억은
지난 시간이 돌아와
당신의 마음들이 기다리지만
내 마음은 안개빛처럼
아침을 걷는다.

복분자

너는 나를 흥분케 하는 이름
잠자는 나를 깨워 흔들어
힘차게 일깨우는 못난이
그 이름 분자

새벽이면 부르게 되는 너의 이름
나는 너 때문에 갈망한다
이리 갈 것인가 저리 갈 것인가

고창에서부터 너는 나를 흔들려고
진득한 침묵으로 준비하는데
깨어진 요강 붙잡고 몸부림치려는
내 마음을 알기는 할까

복분자
올해도 너는 나를 일으켜 세우는
고마운 벗일 진데
한잔 두잔 취한 척 넘어진다.

몸살

명성산 다녀온 후에
온몸 팔다리 관절이 놀랐나 보다
안 쓰던 근육들이 잠에서 깨어나
아프다고 종일 아우성이다

동사무소 3층에서 배운 발마사지
아내의 손길이 정성스러워서
피로가 말끔해진다

그래도
억새가 춤추는 가을 산에
다시 가고 싶다
온 산을 점령한 하얀 깃발들이
눈앞에 아른거린다
몸살처럼 흔들리는 산바람이
마음에 가득하다.

거짓말

오늘은 북서풍이 불어 날씨가
따뜻할 거라고 기상캐스터가
아침 방송에서 떠들더니
오후에 갑자기 바람이 불고
하늘에서 눈마저 내리고 만다

아무것도 모른다고
손사래 쳐가며 진실을 우기지만
진실은 어디선가 몸을 부풀려
꾸역꾸역 살을 비집고 흐른다

죽을 때까지 너만 사랑한다고
새끼손가락을 걸고 맹세하지만
가는 시간을 어찌 막으며
움직이는 마음을 무엇으로 돌이킬까.

꿈속의 그대

그리움 먼저
채워 놓는 당신
서툰 내 사랑은
그대에게
가는 길을 모릅니다
꿈속에 길이 있다면
그대에게 당도하는
길이 있다면
단풍잎처럼
자작자작 타오르는
마음 전하려 달려갈 텐데
허기진 내 사랑은
그대에게
가는 길을 몰라 꿈만
꾸렵니다
고운 발걸음으로
사뿐사뿐 내게 걸어오는
길을 만들려고
꿈길에서 서성입니다.

술

술이란 건 말이지
힘들이지 않고도
마셔 버리는 세월이지

한 잔 술에 나를 마시고
두 잔 술에 인생의 참맛을 알아 가고

석 잔 술에 새까맣게
타 버린 연애를 마시고
넉 잔 술에 목숨을 걸고 미친 척하지

세상이 내 것인 양
눈에 보는 것은 내 발아래
모두 무릎을 꿇고 넘어지는데

오늘 이 순간만큼은
나를 잊고 세상도 삼켜 버리자.

내소사 여행길에서

어느 해인가
직소폭포로 가는 길을 걷다가
난초를 너무 사랑했기에
그냥 돌아온 일이 있었다

병풍처럼 둘러쳐진 산 아래
정자나무 사이로 내소사가 있었다

눈보라 이기며 산길을 오르자
내소사의 전경은 극에 달하고
오랜만에 가슴으로 느끼는 성찰이었다

굽이굽이 돌아 산모퉁이 직소폭포
여인 내 치마폭처럼 쏟아지는
물줄기에 식을 줄 모르는 열기
그곳에 사랑을 가슴에 안고 가네.

2부

사랑은 그리움이다

사랑은 그리움이다

그리움이 진하게 밀려오면
헤아릴 수 없는 연민들이
공원 길을 서성이게 하였지

아무도 없는 그곳엔
누군가 있을 거란 예감들로
내가 보고 싶어 하는
그 누군가 있을 거라고

-사랑은 그리움이다 중에서-

사랑은 그리움이다

그리움이 진하게 밀려오면
헤아릴 수 없는 연민들이
공원 길을 서성이게 하였지

아무도 없는 그곳엔
누군가 있을 거란 예감들로
내가 보고 싶어 하는
그 누군가 있을 거라고

몸도 마음도 공원을 거닐며
주체할 수 없는 시간에 얽매여
아무도 없을 때 목메게 불러본다

그리고
마음속으로 당신을 불러보며
울어 보기도 한다

그렇게 난 오늘도
그리움에 젖어 그곳에 간다.

기다림

고이 간직한 임
기다림은 처마 끝처럼
찬바람에 부서지네

시절을 벗 삼아
노래하던 시간은
기다림으로 지난 잿빛처럼
희미해 가지만
연민들은 기억을 지우지 못하고
수시로 왔다 가네

바람에 들려오는 소리에
애간장 녹여 보지만
임은 소식 없고
눈보라 속가슴을 후비는 시련만
창가를 넘나들다 이 밤이 가네
기다림은 어리석음인 줄 알면서도
나의 탓일까.

그리움이 내립니다

그리움이 내립니다
창문을 흔들며 쏟아져 내립니다

당신이 보고파지면 자주 찾아오는
그리움은 왜일까요
가슴을 채울 수 없는 것은
여느 때보다 심하다 생각하면
짙게 베어 가슴으로 내립니다

내 눈가에 맺힌 그리움인줄은
몰랐습니다
한동안 눈알이 하고 가면
그리움을 배우곤 했습니다

오늘도 당신을 그리워하며
그리움 되어 내리는 빗속을 걷습니다.

너를 그리며

먼발치 바람 같은 그리움
마음을 포옹하여도
바람처럼 솔솔 부는 그리움

가슴은 철부지
더 이상 받아들이지 못하고
순회하는 시간이면
천진스런 바람 같은 미소가
다가와 앉는다

때론 네가 있기에
밤하늘이 아름답게 보였지
어둠이 이처럼 포근한 것도
네가 있기 때문이지

밤을 지새워도 떠나지 않는
그리움이었다.

내 생명의 기쁨

당신의 아픔이
사소한 것이라 해도
내겐 큰 슬픔입니다

한평생을
동행할 당신이기에
당신의 존재는
내 생명의 기쁨입니다

당신이 이 세상에 존재하므로
만물이 아름답게 보이는 기쁨입니다

당신을 오래도록 바라보고 싶은
나의 애절한 목마름을 아시지요
소망이 있는 사랑은 그리 바랄 게 없지만
내 소망은 오직 당신의 건강입니다
나 항상 간절히 기도드립니다

늘 미소 넘치는 당신이 되어 달라고.

달빛 그리움

창문 타고 흐르는 달빛
지난 그리움은 슬피 우는데
가슴을 달랠 길 없어
달빛에 사무쳐 봅니다

술잔에 그리움 마시며
상념에 잠기지만
당신은 보이지 않고
그림자에 그리움만 쌓입니다

지난 시간을 불러 보지만
왔다간 흔적 없이
이 밤은 달빛에 버린 채
허전함 홀로 삭혀야 합니까

행여 만난 수 없다면
꿈속으로 찾아와
외로움을 태워 줄 순 없나요
이 밤이 길기만 한 것은
기다림의 탓인가 봅니다.

그리운 시간들

어둠이 밀려오는
술잔에 그리움을 녹이며
가슴을 달래곤 한다

그리운 시간
눈가에 아른거리다
마음을 후비고 찾아와
사납게 헝클어 놓는다

하얗게 밀려오는 독백의 노래
붉은 선율이 술잔을 이기고
향기처럼 스며드는 그리운 시간은
철없는 술잔에 기댄다

입가에 맴돌며 억지하지 못하는
내 안의 슬픔을 달랠 길 없어
그리움에 하염없이 적시어 보네.

제게 다가오지 마세요

눈을 뜨면 바라볼 수 있는 곳에
있어주면 안 되나요

멀리 있다는 것은
떠난 것 같은 외로움입니다

이 마음 아시나요
희미해져가는 그리움 같은 것을
그런 마음을 느껴 보셨는지요

그대 머물러 환상의 빛을 발할 수 있다면
당신 바라보며 미소 지을게요

제게 꿈속에서만 오시지 마시고
달빛 젖어 그리움에 사무치도록 하지 말고
이대로가 좋을 것 같아요.

목마름

당신은
나로 하여금 행복한지요
당신은
나로 하여금 힘들지 않았는지요

가슴 속 묻어둔 추억 그리며
꽃피면 향기로운 미소 기다리며
비가 내려도 좋고 눈이 내려도 좋은
외로움 섬 하나 만들었습니다

우체부가 전해주는 소식을 기다리며
언젠가부터 목마름에
지쳐간다는 것을 알았을 땐
당신에 대한 그리움들 이었습니다

코끝에 스치는 바람 같은 싸늘함에
기약 없는 내일을 기다리며.

내 마음의 비

꽃이 피어도 슬픈 것은
내 마음에 비가 내린다

살랑살랑 아롱대며
들려오는 목소리로
마음으로 비가 되어 내린다
향수 같은 꽃비가 내린다

그리움의 끈을 잡고
끝없이 빗속을 거닐 노라면
은은한 꽃향기 거리마다
빗방울로 속삭이는 그리움이다

빗물에 시샘하는 꽃망울들
겹겹이 쌓여 끝없이 흩어지는
빗방울에 산산이 부서지는 내 마음.

고독

고독은 자신과의 인내다
세상이 원하지 않아도
찾아오는 것은 마음의 병이다

마음으로 오랜 상처는
기다리고 있는 고독의 친구이다
준비 없이 찾아오는 고독이 있는가 하면
불시에 찾아오는 고독이 있다

고독을 열어 주고 싶지 않다
후회할 수도 있기 때문에
고독을 받아 드리고 싶지 않아
잊으려 몸부림친다.

잊어야 한다면

당신이 준 사랑에 힘입어
비우고 비워도
잊을 수가 없습니다

그러나
잊어야 한다면
잊을 수 있을지
한번 맺은 인연들을
쉽게 무 자르듯 자를 수만 있다면
아픔은 없겠지요

잊어야 한다는 생각을 하면
명치끝이 돌려내도록 시린 것은
그대를 잊어야 한다는
외면하지 못함일까요.

바람이 부는 밤이면

무슨 사연이 많아
그렇게 밤을 지새우며
삐거덕 덜거덕 합니까

무슨 사연이 깊어
문풍지를 흔들며
마음을 흔들려야 합니까

소슬바람에도 견디지 못하고
뛰쳐나가고 싶은 사정없는 밤
그렇게 매몰차게 흔들면
간밤을 어떻게 지워야 합니까

무슨 사연이 남아 이렇게 합니까
고요히 잠든 가슴을 흔들어 깨우면
내 마음 밝혀주는 등불이라도
바람에 스치지 않는 등불이라도
되어 주실 수 있는 건가요.

당신과 마주서면

당신과 마주 서면
가을 단풍처럼 붉은 기쁨으로
저절로 세상은 아름답게 반짝입니다

당신과 마주서면
쪽빛 하늘 고운 눈빛으로 세상은
하얀 마음 파란 마음으로 빛이 납니다

당신과 마주 서면
한 줄의 시가 되어 흐르고
노래가 되어 흐르고 흘러
마음은 호수처럼 맑아집니다

당신과 마주서면
포근한 가슴에 억새풀 피어나듯
하늘하늘 바람에 움직이는
내 마음은 양처럼 순해지니까요.

저물어 가는 파도

은빛으로 부서지는 파도를 보며
썰물 따라 떠내려간
일렁이는 그리움에 젖었어요

저물어 가는 파도 속에
지난 영상들이 떠올라
행복했던 기억들로 젖어봅니다

보랏빛 노을도 보았고
붉은 태양도 보았습니다
한땐 그런 내 마음을
이해할 수 없었습니다

오늘은
은빛 노을에 저물어 가는
그날의 파도에 젖어보며
살아있는 나의 일상을 그려봅니다.

내 인생

내 인생
그 자리
슬픔이고 눈물이어라

나 그대 위해
아침까지
촛불 밝혀주는
그런 사람이 되겠습니다

그대 잠들면
영롱한 별을 따
사랑을 속삭이며
그대 안에 숨 쉬는
그런 사람이 되겠습니다

곱게 물든 낙엽을 주어
책장에 넣어
기억해 주는 그런
사람이 되고 싶습니다.

기억해 주는 사람

기억해 줄 수 있다면
행복입니다

애타게 그리운 것은
다가서지 못한 그리운 것들
세월의 앙금들입니다

만나 주지 않아도
사랑하지 않아도
머물러만 준다면 행복입니다

먼 훗날
나를 기억해 주는
이런 사람이 되어주겠다고만
말해 줄 수 있다면
난 행복입니다.

뒷모습

여름내 부딪치며
걸어오시던 빗속 길에
그대 그리움에 젖어봅니다

살포시 내민 뒷모습에
잠시 타들어가는 그리움
햇살에 익어가는 그리움에
서성이게 합니다

어둠 뚫은 그림자 속엔
가시덤불 헤치며
한 송이 꽃처럼 가슴에 남은
당신의 미소입니다

가슴 조이는 그리움
여름 길에 수놓은 이름 하나
그대 앞모습에 지쳐만 갑니다.

꿈을 꾸었어요

당신의 가슴에
깊은 사랑이고 싶은
미련입니다

당신 눈 속에
머무는 그리움이고 싶은
그런 시간입니다

당신 입술에
출렁이는 그리움 포개어
잠들고 싶습니다

당신 곁을 스치는
바람은 아니어도
철 따라 머무는 그런
향기이고 싶습니다.

마르지 않는 그리움

봄이 와도 여름이 와도
마르지 않는 그리움이 있다

비가 내리면 촉촉이 젖어드는
오래된 이야기들이
시야를 가리며
시간 따라 출렁입니다

봄은 이별이었는데
지울 수 없는 여름 길에
기억되는 이름들이 와있는 것은
스치고 간 자리입니다

비가 내리면 마르지 않은 그리움
바로 당신입니다
후회하기엔 늦은
잘 모르는 사람인가 봅니다.

감당 못할 그리움

노을빛에 지쳐가는 이름 하나
그리움에 걸터앉은 노을빛이었습니다

붉게 물든 노을은
당신의 엉큼한 시간처럼
그리움이 없는 기다림이었습니다

밤새 내린 비처럼
가끔은 감당 못할
그리움이 찾아왔다 가곤합니다

이 세월이 슬픈 건
헤어짐의 순간이 아니라
그 뒤에 찾아올 시간 때문입니다.

이별은 아픈 거야

이별은 아픈 거야
한 사람을 아프게 하는 것이 아니라
기억되는 모든 사람을 아프게 하는 거야

볼 수 없어 아프고
기억해줄 수 있어 아프고
지워야 하는 고독한
몸부림에 아픔입니다

이별은 아쉬운 것이지만
곁에 둘 수 없음에
운명처럼 받아들이려 하는
숙명 때문입니다

이별이 아픈 건
가질 수 없는 오래된 것처럼
살갗을 갉아먹는 시간 때문에
이별은 새로운 시작입니다.

3부

사랑을 훔치고 싶다

사랑을 훔칠 수 있다면
매일 밤 훔치고 싶다

불면의 밤이 오면
누군가 그리워 뒤척이며
가슴으로 다가오는 이가 있어
사랑을 훔치고 싶다

-사랑을 훔치고 싶다 중에서-

나룻배 사랑

당신은 호수를 안고
외로움을 견디며
누군가를 기다리고 있소

호수 위로 고요히 비치는
당신의 그늘이
나를 보는 듯하여
한참을 멍하니 있소

물위로 스쳐 가는
옛 사랑을 보며
호수 노래에 젖어본다

내 마음 강물 따라 흘러가면
그 세월 돌아올 수 있을까.

달팽이 사랑

타들어가는 가슴을
누가 알겠소
상처만 주고 떠난 그대여
차 한 잔 창가로 보내소
기다리는 시간 답답하이

하얀 손 잡아주고 싶은 날
기다림으로 지친
달팽이 사랑은 아니어도
천천히 다가오는 사랑보다는
소낙비처럼 폭풍처럼 내리는 그런
사랑이었으면 좋겠습니다

겨울이 오기 전에
나목 아래 기대어
단풍잎 같은 사랑은 아니어도
눈인사 정도로 미소 주는
기다림이라면 좋겠습니다.

태풍 같은 사랑

빗속에 서 있고 싶다
가슴이 메말라서가 아니라
갈증을 씻을
태풍 같은 사랑으로
빨려들고 싶다

간간이 들려오는 흔적 위로
휘몰아칠 때면
거침없는 물살로 덮치고 싶다

굽이굽이 흐르는 강물에
그림자 되어 드리우고 싶다

열대야 숲처럼
치렁치렁 흔드는 잎새에 젖어
강물에 알몸으로 점프하고 싶다.

사랑아 사랑아

진실한 가슴으로
당신을 사랑하며
오직 당신을 위해

하늘이 내 눈을 가려
당신을 볼 수 없게 되더라도

야속한 세월이
당신 얼굴에
잔주름을 하나씩 드리운다 해도

당신을 사랑하는 내 마음은
언제나 백합처럼 순결한 손길로
주름을 머리를 쓰다듬으며
당신 곁에 있을 것입니다 언제나

아무리 세월이 흘러도
사랑은 사랑은 영원하리.

완전한 사랑을 위하여

생 끄트머리 같은 외나무다리에서
당신을 만나더라도
나는 비켜서지 않을 것이니
차라리 강으로 떠밀고 가시구려

이제 그냥은 못 보냅니다
당신을 기다리며
태운 내 속을 한 번 보세요
가슴이 이렇게
숯검정이 되어 가는데
어찌 보낼 수 있으리까

언제고 어디서고
당신을 만나면 이제는
절대로 비켜서지 못합니다
당신의 마음을 전부 내게 주든지

내가 당신의 마음을 전부 뺏든지
아니면 서로의 가슴에
서로의 가슴을 나란히 새겨 놓든지
그러기 전에는 죽어도 못 갑니다
그렇다고 당신 숨지는 말아요
당신을 먼발치에서라도
볼 수 없으면 난 정말 못 살아요.

서로의 가슴에 붉은 화인으로
새겨진 완전한 사랑을 위하여
기필코 그대와 나는 만나야 하리니.

불꽃같은 사랑

조용한 밤이면
사랑의 불을 지핍니다
그대와 나의 가슴에
다정한 속삭임
별빛이 반짝이는 하늘에
불꽃 같은 사랑으로 당신을
밝혀 비춰봅니다

더욱 화려한 불꽃은
전설의 화신처럼 피어올라
점점 정점의 극치로 번져 가는데
꺼질 줄 모르는 정열의 불꽃
어찌하면 잠재울 수 있나요

차라리 밤새워 밝혀 태우렵니다
가슴에 온전히 화훈으로 남더라도
내 사랑하는 그대이기에
다 타고 남지 않을지라도
온전한 사랑을 바라봅니다.

바라만 봐도

보고팠어
너를 너무너무 보고파
창밖을 시간 따라 보았지

나뭇가지엔 파르르
겨울을 벗어나지 못했는데
뾰족하게 부푸는 너를 보며
그렇게 기다려야 했는지

시간이 지나면 되지만
왜 그렇게 조바심이 나는 걸까
바라만 봐도
가슴이 터질 듯하구나.

그런 사람이면 좋겠습니다

서로 눈빛만 보아도
무엇을 생각하는지
무슨 말을 하고 싶은지
그런 사람이면 좋겠습니다

아침에 일어나 커피를 마시고
하루를 걱정하며
서로를 감싸주는
그런 사람이면 좋겠습니다

삶이 힘들고 지칠 때
마음을 나누며
따뜻하게 말해주는
그런 사람이면 좋겠습니다
비가 오나 눈이 오나
인생을 쓸어주고
마음에 등불을 밝혀주는
그런 사람이면 좋겠습니다.

내 마음은 호수

내 마음은 호수입니다
너무 보고파 호수가 되었어요

때론 거친 풍랑 같기도 하고
때론 잔잔한 파도 같기도 했습니다

그대가 한 아름 남겨놓은
언약을 기다리며
지쳐가는 세월 앞에 잿빛처럼
공허한 기다림이었습니다

후회 없이 호수에 흘러든 세월
차곡차곡 쌓인 그리움 흘러보내며
넘쳐흘렀던 상상을 전하고 싶어
이렇게 호수가 되었지요.

여울목에 내린 달빛

여울목에 내린 달빛에 젖어 봅니다
오늘은 왠지 그대가 올 것 같아
좋은 일들만 있을 것아 기다려집니다

여울목으로 가는 길엔
달빛도 무심하지 않은가
내 마음 환하게 비추어줍니다

이런 날이면 행복합니다
우울했던 기다림도
장맛비에 씻겨내는 그리움 같아
오늘은 좋은 일만 생길 것아 좋습니다

늦잠에서 깨어난 나를 감싸 안은
이런 시간은 왠지 모르게
여울목에 갇힌 행복입니다.

커피처럼 진한 사랑

그대 그리움 밀려오면
검게 물들어가는 가슴을 짓누르며
녹아 흐르는 아픔을 삼키며
진한 커피인 줄 알았지

유난히 커피를 좋아하던 당신은
쓴 커피처럼 인생도 쓴맛이었지
설탕을 희석한 달콤한 인생을 마실 땐
그대의 선몽이었지

늘 나를 유영하는 잔영들처럼
떠날 줄 모르고
영상 속에 피어나는 그림자들로
커피처럼 진한 사랑이었지

이 밤도 그리움에 젖은 채
스쳐가는 오래된 이야기들이
창가에 나부끼면
오랫동안 즐기는
인생은 쓴 커피 맛이라고.

사랑을 훔치고 싶다

사랑을 훔칠 수 있다면
매일 밤 훔치고 싶다

불면의 밤이 오면
누군가 그리워 뒤척이며
가슴으로 다가오는 이가 있어
사랑을 훔치고 싶다

잔인하게 노크하는 가슴에
안주하고 싶은 충동들로
반복되면 아침이 미워서
너를 훔치고 싶다

고요한 아침을 여는
햇살을 맞이하면서도
부질없이 속삭임에
떨칠 수 없는 목마름에
사랑을 훔치고 싶다.

중년의 사랑

무심코 지나다
길거리에서
지난밤 꿈속에서
심장을 울리는 낙엽으로 포장한
그 사람을 만났다

아련히 다가오는 줄만 알았는데
한 번쯤 기다려주는 사람인 줄만 알았는데
무심코 지나는 사람이 되었다

다시 만날 수 있다면 좋겠다
사랑은 아니어도
잠시 멈출 수 있는 사랑이라면
이유 없이 좋겠다

그 길에 서성이는 그런 사람이 된다면
나목 아래 서성이며 마음을 비추겠지.

내 사랑 그대여

좋던 날들
온 세상 내 것처럼 느낄 땐
다 얻기라도 한 듯 했는데
외로움만 부풀어 있네

내 사랑 그대여
구름처럼 내 곁을 떠돌지만 말고
가슴을 쿵쿵 흔들어 주실 순 없나요
무디어가는 내 사랑 그대여

그대 눈빛이 깊어만 가는데
가슴 언저리 저리도록 맴도는데
어찌할 수 없이
그리워해야만 되는 사랑인가요

나만의 사랑이기에
서로 맞닿을 수 없는 내 사랑
가슴으로 자라나는 그리움인가 봅니다.

가슴을 적시는 사랑

나도 모르게 끈적대는
그리움이 있습니다

가슴을 적시는 그대는
삶조차 녹아내리는 발자취가 되어
외로움이 가득 차올라
주절주절 술잔에 담아 마시고 싶은
그런 날이 있습니다
취하고 싶은 날이 있습니다

따끈한 커피 같은 인생을 꿈꾸며
시도 때도 없이 마셔 왔건만
나에게 남은 것은
가슴으로 흐르는 그리움 하나
눈가에 맺힌 이슬방울이었습니다

하얗게 저물어가는 여울목 같은
가슴에 묻어둔 그리움인가 봅니다.

사랑은 외로운 것

우리가 그렇게 외로워하는 것은
채우지 못한 함께하지 못한
함께 하고픈 생각들입니다

죽도록 사랑하면서도
사랑한다 말 한마디 못하고
추억으로 변한
아파오는 낯선 그리움입니다

그대 미소에 짓눌려 보고 싶음은
그대 곁에 잠들지 못함이
견딜 수 없는 발악 같은 시간입니다

사랑하고도 이렇게 저물어 가는
밤이 오면 미치고 싶은 기억들입니다.

버리지 못한 추억

이런 날이면 음악을 듣습니다
지난 추억이 떠오르면
당신이 좋아하던 노래를 듣습니다

공원에 남긴 빈자리에서
사랑을 속삭여 봅니다
시도 때도 없이 속삭여 봅니다

당신이 남겨놓은 향기들은
계절을 넘나들며
수없는 시간이 지나도
그 자리에 그대로 있습니다

비가 오면 비를 맞으며 노래 부르고
눈이 오면 눈을 맞으며 노래 부르는
버리지 못한 추억이 도사리고 있습니다.

그대를 만날 수 있다면

바람에 흔들리는 잔잔한 가지처럼
가슴 언저리에 갈망으로 가득한
그리운 사람이 있습니다

그 사람을 만날 수 있다면
이런 말을 해주고 싶은데
어디에 있는지 만날 수가 없다는 겁니다

끝없이 흐르는 시간 속에
시곗바늘 멈출 수 있다면
이렇게 아물아물 않겠지요

6월이 되면 여름 길목마다
장미 가시처럼 가슴에 돋아난 상처들이
그대를 그리워하는 이유가 되었어요.

만나고 싶은 사람

그런 계절이 오면
만나고 싶은 사람이 있다
그렇게 기다리며 사는데
상실되어가는 아픔은 오는데
만날 수 없다는 것일까

내 가슴에 수놓고 떠나던 날
기다려선 안 된다고 다짐을 해보지만
귓가에 아른대는 말들이 서성이며
눈을 감아도 마음으로 느껴지는 사람
침묵들은 시간에 구애를 안 받는
갈대숲처럼 바람에 신음하는 숲 속에
내 마음 훑고 간 석양이 두려워
온종일 노닐던 자리를 서성입니다

기다려선 안 되는
만나서는 안 되는 사람이지만
계절이 오면 비틀비틀 깨어나
내 눈이 이렇게 따끔따끔 아프냐고
물어보았죠.

4부

행복한 사람

아침이면 웃음을 주는
그런 시간이 있어 행복합니다
사랑하는 가족이 있어
행복한 사람입니다

당신을 얼마나 사랑하는지
함께 하는 날까지
굴레에서 소박함을 논하며
꿈을 키우는 그런 사람이 되고 싶습니다.

-행복한 사람 중에서-

행복한 사람

잠에서 깨어나면
당신의 부름에 바라만 보아도
행복한 사람입니다

당신이 늘 잔소리 같이 해주는
그런 말들이 햇살 같고
나를 일깨워 주곤 합니다

아침이면 웃음을 주는
그런 시간이 있어 행복합니다
사랑하는 가족이 있어
행복한 사람입니다

당신을 얼마나 사랑하는지
함께 하는 날까지
굴레에서 소박함을 논하며
꿈을 키우는 그런 사람이 되고 싶습니다.

행복

봄 향기보다 진한 것은
마음에서 피는 꽃이었습니다

햇살로 반짝이는 여유 속에
꽃보다 아름다운 텃밭을 가꾸며
헤어진 무늬를 바느질했습니다

한 송이 꽃을 피우고자
소백산 능선만큼이나
넓은 품으로 보듬어 안은
당신은 바다였습니다

집안 구석구석
토끼풀이 자란 숲이 되었습니다
그리고 토끼풀 숲에 둘러 앉아
노래를 부르는데 찰칵 소리가 났습니다.

새로운 기억

새로운 기억은
나를 지배하는 것

갈 때는 기쁨에 젖고
올 때는 추억에 젖는다

첫 만남은 이미지 되어
빛바랜 추억이 되고
고가구처럼
가슴에 머무는 동안
서글퍼진다

설레임과 해후가 주는
그날의 기억은 분해되어
바람처럼 나뒹구는 추억들

새로운 기억들은
나에게 새로운 인내다.

내 안에 바람이 불면

내 안에 바람이 불면
찬바람이 스치고 간
뜨거운 바람이 불었으면 좋겠다

나를 흔들어 깨우는
명품은 아니어도
비싼 팔찌는 아니어도
나를 감싸주는 그런 사람이면 좋겠다

때론 마네킹이 되어 주고
때론 로봇이 되어 주는
그런 사람이 있었으면 좋겠다

내가 움직일 때
고단함을 나누며 흔들어 깨우는
그런 사람이 있었으면 좋겠다.

미안해요

미안해요
당신 곁에 갈 수 없어 미안해요
당신을 소리 내어
부를 수 없어 미안해요

온종일 당신 생각에
노을빛에 젖을 때쯤이면
미치도록 그리워 부르고 싶어
미안해요

입가에 맴도는 그리움에
몇 번씩
몇 번씩
간절히 부르고 싶은데
다가갈 수 없는 먼 거리기에
미안해요

오늘도 가슴으로 흐르는
눈망울 삼키며 미안해요.

마음을 걸어둔 사람

내 마음 목마르면
꺼내 볼 수 있는 그런 장소에
걸어둔 사람이 있습니다

가까이 다가설 수 없기에
눈에 맞춰 쌍꺼풀 속에
투명하게 볼 수 있도록
저장해 두었습니다

가끔은 지나치게
가끔은 낯설게 느껴지는 것은
아리송한 그리움들입니다

호수처럼 잔잔한 그리움에
보고 싶으면 꺼내 볼 수 있는 대열에
걸어 두겠습니다.

안부

그 계절이 오면
누군가에게 안부가 그리워
묻고 싶어지는 날이 있습니다
그리운 사람입니다

가끔은 전해주고 싶은 말이 있어
안부를 묻고 싶지만
전화기에 지워진 기억 때문에
망설이게 합니다

지나간 느낌 하나가
술잔에 취해 왔다 가곤 하지만
의미 없는 기억이란 것을 알았을 땐
다정한 목소리가 도란도란 들리지만
이젠 들어줄 사람이 없네요.

지금 우리는

우린 지금
눈빛을 마주하고 싶은 시간

첫사랑처럼 서툰 사랑이지만
우린 지금 속삭임에 젖어
피는 꽃을 두려워하며
지는 꽃을 싫어합니다

묻어둔 세월에
어쩔 줄 몰라 하던 모습에
서툰 사랑 얘기에
수줍어하던 그날을
말할 수 있는 기회가 된다면
좋겠어

지금 우리는
별들을 바라보며
커피 잔에 풍요로움만큼
서로 속삭이는 거야.

그대가 보고 싶은 날

그대가 보고 싶으면
꽃잎에 흐르는 빗물처럼
꿈은 아닌가 싶다

내 마음 그리움 하나
스치는 바람이 아니길 바라며
그대가 좋아하는
노래를 중얼대며
창가에 스쳐 보낸다

홀로 기다리기엔
인연의 소중함이 지배한
다가오는 현실들을
허물어 버린 보고픈 시간

그대가 보고 싶은 날
홀로 떨칠 수 없는 현실에
보고픔도 그리움도 술처럼
흔들리도록 취하고 싶다.

파도의 아픔

나를 만나려
천만리 달려온 파도여
너를 만나러 이곳에 왔네

부서지는 소멸하는 거품을 보며
만끽하는 순간도 잠시일 뿐
달려온 너를 생각하니
내 인생도 한 조각 물거품인 것을

침묵을 깨우는 바람 소리조차
일렁이는 파도에
어부들의 소박한 꿈들이
물보라를 이기며
내일을 꿈꾸는구나

파도여 물거품일지언정
잠시 너로 인해 나를 보는구나.

5부

봄을 기다리며

봄을 기다리며 노래하는 것은
살갗에 스치는 봄 냄새가
그리운 탓일까
긴 여울목을 걷고 싶다

봄을 기다리며
지난 향수에 취하고 싶다
꽃이 만발한 산이라도 찾아
꽃향기로 봄을 만끽하고 싶다.

-봄을 기다리며 중에서-

봄을 기다리며

봄을 기다리는 것은
겨우내 녹아 흐르던
여운의 자취들이다

목련꽃 터지는 소리에
순백한 내 마음도
주춤 흔들리게 한다

봄을 기다리며 노래하는 것은
살갗에 스치는 봄 냄새가
그리운 탓일까
긴 여울목을 걷고 싶다

봄을 기다리며
지난 향수에 취하고 싶다
꽃이 만발한 산이라도 찾아
꽃향기로 봄을 만끽하고 싶다.

봄 편지

단양팔경을 달리는 굽은 산은
봄 마중 가는 아버지 마음처럼
봄맞이 준비로 설레게 합니다

매년 찾아오는 봄이지만
애절해지는 것은
안부를 자주 전할 수 없어
그날의 따뜻한 손길에 젖어 봅니다

익숙한 나날들로 희미해지는
아지랑이 습관처럼 잔잔히 퍼져 오는
얼굴은 봄이 오기 전에 취했나 봅니다
자주 찾아야 할 마음
봄 편지에 적어 기억하겠습니다.

꽃이 그리운 것은

시간이 흐르는 여유 속엔
길가를 봐도 꽃이고
생각을 해도 꽃이다

창밖으로 오순도순 소리가
고상한 눈빛으로 흐른다
파고드는 음악 소리로 취한다

창가에 반짝이는 꽃은
점심때도 기다리고
어둠도 기다린다

마음은 헐떡이지만
시에 젖은 것들이 외면한다
솟구치는 마음은 노동판에 서 있다.

장미의 가시

오월이 푸르다
붉은 입술로 환호하는 너
탐스런 몸짓으로 유혹

사랑스런 몸짓으로 불러 세우니
살금살금 다가가
아차,
방심하면 큰일 난다고 뒤로

물러서는 순간
내 손끝에서 피어나는
너를 닮은 장미 한 송이
뚝
뚝
피어난다
장미에 가시가 있다니
신의 사랑 이려나.

꽃이 되고 싶습니다

꽃처럼 화사하진 못해도
나 그대에게
촉촉한 사람이 되고 싶습니다
꽃 속에 젖어드는 향기처럼
가슴에 남기고 싶습니다

사랑에 흠뻑 젖어 피는
꽃은 아니지만
화려한 향기 나누며
포근하게 안기고 싶습니다

꽃피는 날이면
달려가고 싶은 충동에
잊을 수 없는 인연이 되어
당신의 사람이 되고 싶습니다

꽃을 가슴에 곱게 안고
감싸주는 그런 시간이 되고 싶습니다
꽃처럼 닮은 마음을 찾아 걷습니다.

봄맞이

당신이 그리워
온종일 잿빛으로
서성입니다

비가 오는 속삭임에
봄 마중가자 노래가 부르고
귓가에 맴도는
당신의 향기는
나뭇가지에 매달려 있습니다

산을 보아도
푸릇푸릇 나부끼며
살랑대지만
당신의 온기는
빗물에 젖어
마음으로 내릴 뿐입니다

만질 수가 없습니다
가슴이 애타는데
내 마음속 향기인가 봅니다.

진달래꽃

공원에 나갔다
내 마음 축복 아래
만개한 진달래꽃

김소월의 진달래꽃이 생각나는 것은
학창시절부터 각인되어 버린 탓일까
진달래꽃 같은 알 수 없는 핏줄이 흐른다

봄을 만끽하며 사랑에 젖은 노래
진달래꽃
한잎 두잎 떨어지는 꽃잎을 보며
마음은 진달래꽃의 인연으로
오늘을 걷는다.

목련꽃 피는 언덕

우리 목련꽃 피는 언덕에
죽는 날까지 동행할 수 있을까
처음 만났을 때처럼
순백한 영혼을 그리며
사랑 할 수 있을까

목련꽃 피는 언덕엔
우리가 속삭였던 사랑이 있고
마음이 숨 쉬고 있는데

그 언덕에
많이 자란 숲들이
그리운 것은
봄을 기다리는 것은
목련꽃에 수놓은 그리움일까.

첫 고백

시린 가슴 비밀리에
고이 접어둔 한 송이 장미여

시작은 파릇한 청춘처럼
불그레한 뺨에서 시작했지만
살랑살랑 불어오는 바람에도
나는 속절없이 울고 싶어라

장미꽃잎에 영롱한 이슬이
마음에 시나브로 젖어 오는 아침이면
사랑이 움을 틔웁니다

지금껏 누구에게
마음을 준 적 없었는데
이토록 흔들리는 알 수 없는 마음

깊은 밤 이렇게 홀로 깨어 있을 줄
당신께 가만히 전하고 싶어요
나의 이런 마음을.

가을 산에

높은 산 능선에
어두운 바위틈새에서
키 작은 들풀들의 넓은 산등성이
얼마나 외로웠으면
날 보고 어서 오라고 미소로 초대하네
고이 가꾼 산 잔디에 앉으라고 손짓하네

속 살 꽉 찬 밤들 살포시 굴러 산을 울리고
파란 하늘 뭉게뭉게 구름 잔치 벌이네
심술 난 산바람 춤추며 구름을 유혹하는
드높고 시원한 가을 하늘
산들바람에 이리저리 춤추는 갈대
정상에서 남모르게 스르르 내리는 안개비
겨울나기 위해 새 옷 갈아입는 산새들
힘찬 날개 짓으로 기지개를 한다

형형색색으로 물들인 등산객들의 옷
가을 산은 붉게 물들고
가을 산은 갈대를 가득 풀어놓고
나를 유혹한다.

가을아

조석으로 슬며시 소리 없이 오더니
앞산이 뒷산이 서둘러 변신을 하는구나

가을아
너는 풍요한 마음을 가졌구나
외로운 사람의 마음을 달래주고
들판에 넘실대는 곡식이 주렁주렁
풍성한 열매로 심신을 달래 주는구나

이제 온 천지에 번진 너의 아름다운 모습
어김없이 세월 앞에 겸손히
자리를 내어 주고 떠나려느냐

내장산 붉은 노을이 너로 인해
타는 듯 내 마음에 머무는 너의 이름

가을아
내년에도 어김없이 만나기를 손가락 걸고
약속하자꾸나 꼭 꼭.

만추

설악을 타고 내려오는 불꽃
지리산에서 절정이다
꽃보다 더 고운 이파리들의 꽃이
한창 물이 오른 봄처럼 아름답다

형형색색이 조화롭다
사람이 만들기엔 너무 큰 캔버스
조물주의 능력에
계절들이 화답하듯 춤을 춘다

도선사 불타는 노을에
합장으로 허리 숙이는 신도들
부처의 미소가 울긋불긋 세상을 향해
아름답게 흔들리며 마음에 꽃피운다
따가운 가을 햇살이 마구 찌르고 간다.

나는 어디로 가나

나는 어디로 가나
현실은 안이하고 도태되어 가는 시간인데
가을은 갈대처럼 나를 흔들고
만삭된 풍요는 나를 더욱 외롭게 한다

어쩌면
쓸쓸한 가을은 겨울로 가는 하얀 그리움
이 흔들림은 나를 시험해 흔들리게 하는
허수아비 같은 애처로움을 갈망케 하나

공허한 바람이 불어오는 갈대 같은 마음이
저녁노을에 너를 그리며 서성인다
바람에 흔들리는 발걸음이
구름에 갈 곳을 잃는다

나는 어디로 가나
길모퉁이마다 남겨 놓은 흔적들
지나가는 바람의 흔들림은
나를 삶의 제자리에 내려놓는다.

고독한 가을에

소슬 소슬한 마른 바람에 밀려오는
하늘은 마음 끝에 조용히 머물고

비바람에 서러움의 눈물 흘리며
계절을 잃은 메마른 물푸레나무 이파리
시름에 잠겨 흰 바람에 흩날려 오는데

퇴색되어 가는 하늘 우러러보며
지난날 아름다웠던 추억을 새기네
푸른 청춘 날뛰는 열정에 하늘은 뜨거웠고
고즈넉한 산자락 걸린 노을에
이마를 비비며 애절했던 그리움이

이제는 부스스한 얼굴로 가려 하네
메마른 추억 한 줌 남기고 가려 하네
내 사랑도 가을처럼 떠나려 하네.

관악의 가을은 깊어 가고

산모퉁이 시작도 하기 전에
붉은 단풍으로 하늘을 현혹하며
온 세상 마음을 물들이는 관악의 가을 속

계절 끝자락에 매달린 은행잎
바람에 힘겨워 나풀나풀 떨어지고
앙상한 가지에 서린 휑한 마음이
가지에 매달려 애처로이 흔들리는데

삼막사 정상에서 잔치 잔치 벌여 보네
동욱의 부인이 정성껏 담아낸 음식이
땀방울과 아우러져 입에서 살살 녹고
머리끝에 서린 백발을 보고 위로하며
하하 허허 막걸리잔 지화자 부르네

거나한 마음들이 발걸음을 모아서
안양 유원지 친구 식당에 다시 모여
오랜 세월의 응어리들 단풍만큼 붉게
어우러져 해말간 웃음꽃 피어오른
관악산의 가을이 깊어 가듯이
우리내 인생도 계절 따라 익어 가고 있네.

가을바람

억새풀 우거진 민둥산 정상에
바람결에
흰 깃발만 나부끼는 가을바람

산 벚나무 돌아 서 있는
하얀 몸피 자작나무 잎
쓸쓸한 바람 안고
서로 기대지 못한 간격만큼
불어오는 가을바람에
임 발자국 찾으러 떠돌아 보니
어느새 바람은 흔적도 없이
세월을 넘어가 버리고
손에 잡히는 것은 아무것도 없어

가을바람 외로운 울음소리로
철새처럼 멀리멀리
날아가 버리는 인생 같아라.

가을편지

노란 은행잎이
내 마음에 찬란히 빛납니다
가을이 깊어지는 길목
그대와의 추억이
한잎 두잎 꽃처럼 피어나는
시간이 감사해서

오늘은 늦도록 창가에 앉아
그대에게 편지를 씁니다
바람에 우수수 지는 저 낙엽을
그대도 보고 있는지
외로운 가로등 추워 떨고 있는
깊어 가는 밤 풍경을 느끼고 있는지
궁금합니다

손끝이 시린 새벽녘까지
그대를 생각하며 써 놓은 편지
부치지 못하고 가슴에 쌓여만 갑니다.

새벽길

새벽 서슬 퍼런 차가운 바람에
아직 꿈속인 구름님 화 나셨나
서로 부딪치며 웅얼거리는 소리에

깜짝 놀란 하느님이
기가차서 재채기하며 눈물 주르르
가을 소낙비 되어 온 천지를 적시네

놀란 사람들 발걸음 서둘러 이리저리
놀란 은행잎 얼굴이 샛노래지고
놀란 단풍잎 화들짝 붉은 얼굴로

발길에 차인 물방울 놀래 춤추는
새벽길 말끔히 얼굴 씻고 나를 반기네
방울방울 이슬 줄이 새벽길에 가득하네.

6부

그 바람은 추었다

겨울비는 내리고

어두워진 하늘에 겨울이 내린다
플라타너스 이파리 추워서
보도블록에 겹겹이 내려 쌓이며
바람은 겨울 속에서 비로 불어온다

가을은 서둘러 모습을 감추지만
아직도 석양 붉은 하늘에는
샛노란 단풍잎이 서성이고
고사리 같은 단풍잎 가을 끝을 잡고 있다

-겨울비는 내리고 중에서-

첫눈 오는 날

서울에 눈이 내린다는 소식
인천엔 하늘만 흐릴 뿐
전화선을 타고 오는 기다림
먼데서부터 눈 소식을 몰고 오려나

창밖을 초조히 바라다본다
연인을 기다리는 마음처럼
아파트 가로등이 어둠에 졸고 있다
건너편 따스한 불빛을 내는 창들 사이

점점이 떨어지는 별들이
하얀 꿈들이 눈앞에서 나풀거린다
하늘하늘 저 펄럭이는 승무
오랜 세월 약속처럼 손을 흔드는 몸짓

처음이듯 반가운 저 나풀거림이여
온 대지를 하얗게 포근히 덮고
나무를 솜처럼 장식하고
그리고 내 마음마저 순백하게 물들고 마는
정녕 첫눈은 오고야 말았네.

순백의 길

흔적이 없는 새벽 길
황홀감에 젖어 보는 시간
누구 하나 다녀간 흔적 없는
순백의 세계
첫발을 내 디뎠다

하얀 발자국은 여인네 같은
벅찬 감정이 몰아치며
가슴 떨리는 음정을 느꼈습니다

순수한 사랑을 한발 한발 걸으며
목마름에 메말라가는 가슴을 녹이며
첫눈이 내리던 길을 걸었습니다.

겨울비는 내리고

어두워진 하늘에 겨울이 내린다
플라타너스 이파리 추워서
보도블록에 겹겹이 내려 쌓이며
바람은 겨울 속에서 비로 불어온다

가을은 서둘러 모습을 감추지만
아직도 석양 붉은 하늘에는
샛노란 단풍잎이 서성이고
고사리 같은 단풍잎 가을 끝을 잡고 있다

겨울비는 내리는데
천둥번개 동반하며 맹렬히 오는데
내 마음 갈 곳을 몰라 헤매듯
사선으로 내리는 빗방울이
마음을 두드린다.

겨울 마차

가는 세월 서러워
통곡처럼 장대비가 내립니다.
대지를 거칠게 깎아내리며
오솔한 마지막 잎사귀마저 위협합니다

바람이 불고 천둥이 치고
나뭇잎이 흔들릴 때마다
당신의 모습이 어지럽습니다

현실 같은 꿈길이 더 서러워
몇 번이고 눈만 떠보고
마음 한편 무너지는 바람에
겨울 찬바람이 들어섭니다

차가운 시간 속에서도 그대로
훈훈한 난로 불같은 마음 타오릅니다
겨울이 깊어 갈수록 내 마음
먼데서 봄이 숨어 있음을 압니다.

눈처럼 쌓이는 그리움

낙엽을 태우며 쌓인 그리움은
눈처럼 소복소복 쌓이네

지난 시간을
하얗게 덮어 버리고 싶은
그런 시간입니다

눈 위에 하얀 마음을 보며
지나다 아우성 대는 사람들을 보며
순백의 진실을 보았습니다

아침을 맞이하는 깨끗함처럼
처음 만났을 때 순수함처럼
아무것도 보이지 않는
그런 세상이 잠시나마 나의 천국입니다

눈처럼 하얗게 덮어 버린 그리움은
겨울이 가면 꽃처럼 다시 피어나려나.

겨울의 색깔

가을 때문에 하루는
살 만하고
겨울 때문에 하루는
힘들기도 하다

똑 같은 계절이 돌아오는데
환한 미소가 있는가 하면
검게 탄 미소가 있을 때가 있지

봄 햇살처럼 겨울도 따뜻했으면
아침을 여는
하루가 얼마나 행복 할까

겨울바람에 인내하기 힘들면
창을 열기가 불안하기만 하다
찬바람이 들어와
가슴에 남은 색채들을 헝클어
사방을 흔들어 놓기 때문이다
겨울은 봄으로 가는 길목처럼
순백함을 유지하고 싶다.

아름다운 시절

언젠가부터
아름다운 시절이 내리더군요
눈처럼 내리더군요
허름한 집에도 내리고
따뜻한 집에도 내리더군요

시절은 겨울을 싫어하지 않고
내 얼굴을 훔치지 않고
지나간 얼굴을 쳐다보며
항상 멀리서 기다리더군요

언젠가부터
꽃피던 시절이 그립고
붉게 불든 가을이 그리웠지

아름다운 시절 앞에
주름살 늘어나는 것만 보면서
머리카락 하나 둘 흰머리가 되면서
시절이 그리운 것은
나이 탓일까.

함박눈처럼

기다렸습니다
소박한 마음으로
내리는 함박눈은
내 삶을 밝혀주는 등불입니다

아침이면 포근하게
웃는 모습을 닮은
순백한 아름다움입니다

꿈결 같은 사랑이
멈추지 않는
우연을 비켜간 그런 온화함을
간직하고 싶습니다

살아가는 내 인생엔
함박눈처럼 내리는 그런
신선함에 애타는지 모르겠습니다.

겨울 바다에 가다

찬바람에 나부끼는 쓸쓸함은
겨울 바다의 낭만이었다

백사장에 버리고 간 추억들이
양심들로 어슬렁대는
모퉁이마다 버려진 빈병들

머무르고 싶었던 순간들
지나간 청춘들이 와글거리지만
세월만 칼날처럼 번득일 뿐이다

수북이 쌓인 그리움들은
겨울 바다에
하얗게 웃는 파도입니다.

철새

저 바닷가엔
철새들은 화음을 만들어
자연을 이치에 살아가고 있었다

난 가끔 이곳에 오면
철새들을 보며
우리가 살아가는 시대적 배경을 본다

철 따라 남극을 넘나드는 긴 여정은
자연의 이치에 따라 살아가야 할
주어진 운명들이었다

인생처럼 철새들은
살기 위한 긴 여정인지도 모른다

철새의 날개 짓을 보며.

그 바람은 추웠다

그 바람은 추웠다
지나가는 치맛바람이었나 보다
감기 걸린 듯 코 맹맹한 소리는
시절을 불렀다

그해 겨울은 추웠다
사랑이 밟고 지나간 자리는
아픈 상처들로 얼어붙었다
가슴 깊은 폐부까지 얼었다

여름 바다를 쓸고 간
태풍보다 더 험난한 역경들은
눈이 부신 햇살들이 비추었다

그 바람을 재우고
그 추이를 녹였다
인생은 아픈 상처 같은 거라고.

버려진 시간

시간은 버려진 그리움이다
시작은 행복이지만
그 뒤엔 피눈물보다 더 잔인한 것들
가슴에 엉겨 붙은 영혼의 흔적들이다

끈끈하게 발자국을 따라다니는
그림자 같은 것들
가슴에 남은 체취 같은 것들이
세월을 함께하자 목메 인다

버려지지 않는 시간은
함께 불태웠던 그리움이란 말인가
지워지지 않은 것은 버려진 시간.

2008&내 마음의 이정표

인　쇄 : 초판인쇄 2008년 06월 25일
인　쇄 : 초판발행 2008년 06월 27일
지은이 : 이종덕
펴낸이 : 우미경
편집인 : 윤기영
펴낸곳 : 도서출판 현대시선
등　록 : 제 387-2006-00017호
본　사 : 서울시 영등포구 신길동 188-396호
지　사 : 경기도 부천시 원미구 원미동 147-12
전　화 : 02-844-5756 팩시밀리 : 02-831-5832
이메일 : hdpoem55@hanmail.net

정　가 : 6.000원정
ISBN : 978-89-92687-08-9-03810